DE L'IMPOT ET DU CRÉDIT.

Impr. Bénard et Cie, succ. de Lacrampe, 2, rue Damiette.

DE L'IMPOT

ET

DU CRÉDIT

DE

L'ÉTABLISSEMENT D'UN CRÉDIT PUBLIC

pour arriver

A LA RÉPARTITION DE L'IMPOT

PROPORTIONNELLEMENT A LA FORTUNE ET AUX FACULTÉS DES CITOYENS,

PAR

J.-B. VOIDEL.

« Pour être juste, il faut en revenir au droit commun. »

(LOUIS PERRÉE.)

PARIS

IMPRIMERIE BÉNARD ET COMPAGNIE,

RUE DAMIETTE, 2.

—

1851.

DE L'IMPOT

ET DU CRÉDIT.

« Pour l'entretien de la force publique et pour les dé-
« penses d'administration, une contribution commune
« est indispensable : elle doit être également répartie
« entre tous les citoyens, en raison de leurs facultés. »

« Toutes lés contributions seront réparties entre tous les
« citoyens en proportion de leurs facultés. »

(Déclaration des Droits de l'Homme
et Constitution de 1791).

« Nulle contribution ne peut être établie que pour l'u-
« tilité générale. »

 - « Nul citoyen n'est dispensé de l'honorable obligation
« de contribuer aux charges publiques. »

(*Art.* 20 *et* 101, *Constitution de* 1795).

« Toute contribution est établie pour l'utilité générale,
« elle doit être répartie entre les contribuables, en raison
« de leurs facultés. »

(*Art.* 16, *Constitution de* 1795).

« Les Français contribuent indistinctement, dans la
« proportion de leur fortune, aux charges de l'État. »

(*Chartes de* 1814 *et de* 1830).

 . « Tout impôt est établi pour l'utilité commune. »

« Chacun y contribue en proportion de sa fortune et
« de ses facultés. »

(*Art.* 15, *Constitution de* 1848).

« Tout nouveau système de politique doit se résumer
« dans un nouveau système de crédit et d'impôt. »

(Décret du Gouvernement Provisoire.
Février 1848.)

L'impôt n'est autre chose qu'un fonds commun destiné
à pourvoir à tous les besoins généraux de la société.

Ces besoins sont principalement la défense de l'État, la
sûreté des relations internationales, et, dans l'intérieur,
la garantie des droits de chacun, le développement des travaux publics, organisés surtout de manière à suppléer,
autant que possible, à la cessation ou à l'insuffisance des
travaux particuliers, en évitant de leur faire concurrence
afin de maintenir les conditions normales du travail.

C'est pour pourvoir à ces besoins qu'il faut une armée,
une marine, une administration civile et judiciaire.

Avant d'aller plus loin, nous croyons indispensable de
rappeler la définition de quelques expressions, de bien
fixer le sens dans lequel nous les employons.

L'État, c'est la société tout entière, c'est la réunion de tous les individus qui la composent. L'État ne peut avoir que des intérêts et des besoins généraux.

Le Gouvernement n'est que l'administration de l'État, absolument comme la gérance de toute société. Il n'a d'action légitime et n'est institué que pour assurer, par l'exécution des lois, la garantie des droits de chacun qui consacre la liberté de tous.

La Liberté, c'est le plein et entier usage de toutes nos facultés, en tout ce qui ne porte pas atteinte au droit égal d'autrui. C'est pour les autres le respect qu'on veut pour soi.

L'Egalité, c'est la soumission aux mêmes devoirs et la garantie des mêmes droits.

Nous définissons donc la *République Démocratique*; l'application du droit commun sans aucune exception; la prédominance absolue de l'intérêt général sur l'intérêt particulier, et, par conséquent, la négation de toute espèce d'immunité ou de privilége.

La prescription, par toutes les Constitutions qui ont

régi le droit public des Français, de l'égalité proportionnelle de l'impôt, de sa répartition en raison de la fortune et des facultés de chacun, prescription non encore
accomplie, n'est autre chose qu'une application du droit
commun. Personne n'a contesté ni ne contestera l'exacti-
tude du principe.

Comment se fait-il qu'on n'ait pu, jusqu'à ce jour, le
mettre en pratique ? Que les travaux des économistes et des
financiers n'aient pas encore suffisamment éclairci les éléments de cette question qui nous semble si simple, et dont
la solution doit produire les résultats les plus importants
pour la prospérité publique ? Cela tient, croyons-nous,
à ce qu'on ne s'est pas suffisamment rendu compte des
conséquences de la théorie de la valeur ; que, par suite, on
n'en a pas fait l'application à un système complet de crédit ;
et que sans un système de crédit, qui est à créer, il n'y a
pas d'impôt qu'on puisse rendre proportionnel à la
fortune.

Essayons donc de présenter, avec toute la rigueur d'une
démonstration mathématique, quelques principes d'éco-
nomie politique applicables aux besoins de la société.

Toute chose, tout produit est une valeur ; mais la valeur,

toujours variable, ne se manifeste que par les échanges qu'on fait des choses et des produits : il n'y aurait pas de valeur s'il n'y avait pas d'échange.

Lorsqu'une société avance dans la civilisation, l'abondance et la variété des produits, en augmentant la somme des échanges, rendent nécessaire l'usage d'un signe représentatif de toute valeur : le troc, l'échange direct, ne suffit plus, il faut l'échange indirect, de là la monnaie, signe de convention représentant toute chose, tout produit susceptible d'échange.

Dans l'enfance des sociétés il ne se produit que des échanges en nature ; plus tard, lorsqu'un signe représentatif est admis, le troc décroît ; l'échange d'une chose contre un signe représentatif de valeur, destiné à être échangé lui-même contre une autre chose, augmente ; puis, enfin, quand le signe représentatif est suffisamment répandu, il devient, par cela même qu'il représente toutes choses, le régulateur et l'intermédiaire de presque tous les échanges.

Le signe représentatif n'est pas, lui-même, une valeur absolue, mais seulement relative, et cette valeur suit la loi économique de la relation entre l'offre et la demande.

C'est l'histoire de tous les marchés. S'il y a beaucoup de choses à échanger contre ce signe et qu'il soit peu abondant, sa valeur n'est pas la même que s'il se présente peu de choses et qu'il soit très-abondant. Ce fait se reproduit constamment sur tous les marchés de l'univers et s'applique à tous les produits. Cette loi économique, absolue comme tout ce qui tient à la nature même des choses, explique seule toutes les fluctuations et toutes les perturbations des valeurs.

La quantité du signe représentatif de la valeur, *qui fonctionne* dans une société, n'est donc pas chose indifférente, puisque c'est l'abondance ou la rareté de ce signe qui détermine la valeur relative dans les échanges, valeur toujours proportionnelle à la somme des choses qui doivent être échangées, et à celle du signe qui se présente pour solder ces échanges. Il y a forcément perturbation lorsque le signe représentatif, nécessaire pour ce solde, s'abstient.

Le signe représentatif de la valeur, par la convention de tous les peuples civilisés, c'est le numéraire métallique. Son adoption s'explique par la rareté et la pureté des métaux, et par la valeur marchande de ces métaux indépendamment de leur valeur conventionnelle ; c'est la véritable et seule supériorité du signe métallique. Le signe purement conventionnel, le billet, a sur lui l'immense avantage de sa facilité de transmission, de sa rapidité de circulation. Or, cette facilité de transmission et de circulation ne saurait être indifférente ; car, toutes choses égales, une même quantité du signe représentatif en papier soldera, dans le même temps, plus d'échanges qu'une somme égale en numéraire.

Toute société se compose, d'individus ayant un capital accumulé dont le revenu suffit à leurs besoins, sans y ajouter le produit d'un nouveau travail, c'est le plus petit nombre ; d'autres ayant déjà un capital accumulé, mais dont le revenu est insuffisant, et qui y suppléent par le produit d'un travail, c'est le plus grand nombre ; et, enfin, de ceux qui, n'ayant pas un capital reçu par hérédité ou acquis par un travail antérieur, ne subviennent à leurs besoins que par le produit du travail journalier.

C'est donc une nécessité que le travail immédiatement productif pour la presque totalité des membres d'une société. Mais le travail ne peut être demandé que par celui qui peut en payer le salaire.

Examinons, à ce sujet, la question de l'inégalité des conditions, et celle de la propriété.

Nous ne naissons égaux, ni en force, ni en intelligence : de cette première inégalité, toute naturelle, dérivent toutes les inégalité sociales.

Lorsque, dans l'enfance de la société humaine, les produits spontanés de la terre ne suffirent plus aux besoins des hommes, la nécessité les amena à faire usage de leur force et de leur intelligence pour augmenter, pour améliorer ces produits, pour en obtenir de nouveaux ; les plus forts, les plus intelligents, eurent certainement de meilleurs résultats. De ce travail, vint la propriété, le droit particulier aux choses par nous produites ; et, comme corollaire obligé de ce droit, celui de transmission.

Sans ces conditions, la société serait toujours restée dans l'enfance ; car, sans la conservation des produits plus abondants que les besoins journaliers, comment se livrer aux travaux intellectuels, et quels travaux spéculatifs n'a-t-il pas fallu pour atteindre les premiers éléments des sciences, pour développer les premiers rudiments des arts. Ces efforts, dus aux plus intelligents et aux plus forts, n'auraient pas eu lieu, leurs produits auraient été bornés aux besoins personnels, s'ils n'avaient créé un droit particulier incontesté; ils auraient été bornés aux besoins de l'individu et de la famille, s'ils n'eussent pas également produit le droit de transmission.

Quoique l'on fasse, on ne supprimera pas l'individualité dans la société humaine; on ne détruira pas ce besoin d'améliorer sa condition, celle des siens, source de tous les efforts, moteur de tous les progrès. D'ailleurs ce ne sont pas les plus faibles et les moins intelligents qui auraient pu contraindre les autres. Ils profitaient indirectement des résultats; car, il n'y a pas de progrès, soit dans les sciences, soit dans les arts, qui ne profite d'une manière quelconque à la Société entière.

De ce que toute société se compose, en très-grande majorité, d'individus pour lesquels le produit du travail, le salaire, est une nécessité; de ce que le travail ne peut être demandé et le salaire acquitté qu'avec le produit d'un travail antérieur; de ce que nous ne pouvons, en toute chose, suffire par nous-mêmes à tous nos besoins, il s'ensuit que nous avons tous besoin les uns des autres. La société, bien comprise, ne présente donc pas le spectacle affligeant de l'antagonisme, mais bien plutôt la nécessité de la compréhension, de la régularisation des intérêts.

Un fait qui ne sera pas contesté, c'est que pour donner à la société la plus grande somme de travaux, pour amener la plus large extension des échanges, il ne faut pas l'obligation du paiement immédiat, mais la facilité de le reporter à des échéances déterminées. C'est le crédit, qui n'est autre chose qu'un délai de paiement. La condition essentielle du crédit, c'est la garantie de ce paiement à l'époque fixée.

L'on achète et l'on fait effectuer des travaux dans la prévision des recettes que l'on doit faire, des échanges que l'on pourra opérer ; on prend à ce sujet des engagements pour des époques combinées avec les ressources prévues. A l'époque fixée pour la libération, les recettes n'ont pas été faites ; les échanges, par diverses causes, n'ont pu avoir lieu ; les créanciers ne peuvent ou ne veulent accorder un plus long délai ; il faut vendre dans des circonstances défavorables, avec perte plus ou moins sensible, ou trouver à substituer un créancier à un autre. Plus le besoin est impérieux, plus les conditions de la vente ou de cette substitution sont onéreuses.

L'exemple de toutes les crises politiques ou commerciales prouve surabondamment que le crédit n'est jamais plus onéreux, plus difficile, que lorsqu'il est le plus nécessaire, et pourquoi? c'est que lorsqu'on a besoin du signe représentatif de la valeur, on ne peut l'obtenir que de celui qui l'a ; que si , par crainte, ou pour toute autre cause, il s'abstient de le produire aux besoins de la société, on ne peut l'y contraindre; car, ce serait violer sa propriété, ce serait attenter à sa liberté, et il n'y a pas de république possible sans le respect de ces droits.

Il est bien évident que le crédit est une nécessité de nos sociétés civilisées ; que les affaires subissent chaque jour le contre-coup d'événements que la volonté de chacun ne peut maîtriser ; que les hommes, pris isolément, ne sont que les jouets, non les directeurs de ces événements. Mais ce que chacun ne peut faire, la concertation, l'association des intérêts, sous le rapport économique, ne le pourrait-elle ?

Nous n'avons pas de crédit public. Quoique la Banque de France ait rendu des services incontestables, ce n'est qu'un établissement particulier de crédit commercial, auprès duquel il faut non-seulement un débiteur, mais deux cautions de solvabilité. Nous n'avons que le crédit particulier qui n'a pas de règle, malgré les lois qui fixent le taux de l'intérêt, et qui n'en aura pas d'autre que le besoin plus ou moins impérieux du débiteur et la modération plus ou moins grande du créancier tant qu'il n'aura d'autre concurrent que lui-même, tant qu'on devra subir la loi d'un créancier plus ou moins âpre suivant l'exigence des besoins qui s'adresseront à lui; tant, enfin, que le signe représentatif de la valeur, concentré en très-forte partie dans un petit nombre de mains, n'aura d'autre règle d'expansion ou d'abstention que l'intérêt particulier des détenteurs.

On a toujours vu et l'on verra toujours dans les moments de crise plus de besoin de vendre que de besoin d'acheter, par la raison qu'une partie plus ou moins forte du signe représentatif s'abstenant, ce qui en fonctionne est insuffisant pour les besoins. Quelle que soit la cause de cette abstention, c'est toujours le même effet; avilissement des choses par la concurrence pour la vente, augmentation de valeur du signe représentatif: car il ne faut pas perdre de vue cette vérité économique, la relation entre l'offre et la demande; cette autre, que les choses n'ont de valeur que la quantité du signe représentatif qui solde les échanges, c'est-à-dire *qui fonctionne*; et cette autre enfin, que le signe représentatif, qui n'a d'autre raison d'être

2

que de faciliter les échanges, est absolument comme s'il n'existait pas quand il cesse de fonctionner, de se produire aux besoin réguliers de la société.

Un exemple bien frappant se montre à la révolution dernière : il n'existait pas une pièce de 5 francs de moins après, qu'avant le 24 Février ; la banque avait, en peu de jours, vidé ses caves de presque tout le numéraire qu'elles contenaient. Dans d'autres circonstances ce signe de valeur, mis dans la circulation, eût produit une augmentation dans la valeur des choses ; mais ce n'était pas pour fonctionner qu'il était sorti, c'était pour s'abstenir, par crainte, et cette abstention arrêtait la vente, suspendait les travaux. Les débiteurs ne trouvaient, qu'à des conditions de plus en plus difficiles, le signe représentatif nécessaire à leur libération ; les échanges à faire pour obtenir ce signe ne se trouvaient à aucun prix, ou qu'avec des réductions considérables et entraînant souvent la ruine de ceux qui ne pouvaient attendre des temps moins agités.

Cependant il n'est désastre qui ne profite à quelqu'un. Ainsi, pendant que les débiteurs, obligés de réaliser, subissaient l'effet ruineux des circonstances, les détenteurs, non timorés, du signe représentatif, profitaient de ces mêmes circonstances, et obtenaient, pour la même quantité, beaucoup plus de choses avec la certitude, pouvant attendre, de voir ces choses se rapprocher de plus en plus de leur valeur normale.

Certes, si personne n'eût été dans l'obligation de vendre ; si le marché n'eût pas été écrasé par les offres ; si les débiteurs avaient pu obtenir des délais ou, sans conditions plus onéreuses, trouver à substituer un créancier à un autre ; les besoins de la société étant toujours à peu près les mêmes, le travail étant produit par les besoins, les salaires par le travail, la consommation en toutes choses par l'emploi des salaires et des revenus, et les revenus eux-mêmes par la consommation, le changement dans la constitution politique de l'État se fût à peine fait sentir.

Une nation a plus de durée qu'un gouvernement ou qu'une dynastie, son existence ne leur est pas subordonnée. Ce n'est pas elle qui se modifie suivant leurs besoins ou leurs idées, mais bien eux qui subissent la loi des modifications que le temps, la marche incessante de l'humanité, lui fait éprouver. La sagesse consiste à suivre avec soin la marche des idées, à les diriger vers tout ce qui est utile, c'est-à-dire juste ; nous n'admettons pas l'utilité sans la justice.

C'est aux intérêts, aux besoins permanents de toute société éclairée qu'il faut pourvoir. Ces besoins sont la liberté et l'égalité, comme nous les avons définies; la propriété, comme la comprennent les peuples civilisés, les hommes dignes de la liberté qui savent respecter le droit d'autrui comme ils veulent qu'on respecte le leur ; le travail, origine de toute propriété ; l'instruction, qui amène la meilleure direction des efforts de l'homme et qui lui démontre, en le moralisant, la nécessité du respect de soi-même et des autres, quelles que soient leurs dissidences d'opinions.

Le besoin le plus impérieux c'est de vivre ; pour vivre, de travailler ; pour travailler, que le travail soit demandé ; et, pour la demande, le moyen de payer, c'est-à-dire, un capital acquis, une propriété. Sans propriété, point de travail.

Pour assurer la liberté et l'égalité, qui ne sont autre chose que l'ordre bien compris dans les relations des hommes entre eux, pour garantir la propriété ; il faut une administration : pour pourvoir enfin à tous les besoins généraux de la société ; il faut un fonds commun auquel chacun contribue proportionnellement à ses moyens.

Ce n'est pas sans raison que le même terme, *société*, s'applique à une nation, et à une association particulière de quelques individus, puisqu'il s'agit dans tous les cas d'intérêts, de besoins communs. Une nation sur ces points est une véritable association, qui ne diffère de la société civile ou commerciale qu'en une seule chose, c'est que chacun gère isolément sa mise sociale, sa fortune, et est tenu privativement des obligations qui résultent de cette gestion. Cette différence est une conséquence nécessaire de la liberté, qui n'existerait pas sans cette condition. Aussi le communisme d'une part, l'association absolue, obligatoire (nous ne comprenons pas autrement le crédit gratuit), d'autre part, peuvent être l'égalité, mais c'est bien certainement le contraire de la liberté.

Nous avons dit en commençant que la prescription de l'impôt proportionnel à la fortune de celui qui l'acquitte, n'était qu'une application du droit commun. Nous avons dit aussi que, quoique le principe ne fût ni ne pût être contesté, il n'avait pas été appliqué. Ajoutons qu'il ne pouvait ni ne peut l'être dans l'état actuel de nos institutions économiques, et disons pourquoi.

D'abord, qu'est-ce que la fortune? Bien évidemment c'est ce que chacun possède, déduction faite de ce qu'il doit ; car, le passif c'est la fortune du créancier, non celle du débiteur. Cependant aucun des impôts directs ou indirects que nous acquittons n'admet la déduction du passif. La fiction de toutes les lois fiscales, c'est que les détenteurs sont censés ne rien devoir ; l'effet, c'est que, contrairement au principe posé par toutes les constitutions, on impose les choses ou leur produit, et non pas ceux dont la fortune se compose de la valeur de ces choses et de tout ou partie des produits ; que le détenteur supporte tout, tandis que celui qui profite des revenus ne supporte rien.

Exemples : Deux individus ayant chacun une propriété de même valeur, 100,000 fr., et revenu 5,000 fr., supportent le même impôt direct, soit 1,000 fr. ; le premier ne doit rien, l'impôt est du cinquième de son revenu ; le second doit 50,000 fr., paie un intérêt de 2,500 fr., son revenu net, *sa fortune*, reste de 2,500 fr., son impôt est de 1,000 fr., soit de deux cinquièmes, le double du premier, et le créancier qui reçoit pour intérêts la moitié du revenu n'est pas imposé.

Tous deux décèdent ; le premier n'a pas laissé de dettes, ses enfants paient un droit de mutation de 1,000 fr. pour une valeur parfaitement libre ; le second laisse aux siens le bien grevé de 90,000 fr. ; ils ne recueillent donc qu'une fortune nette de 10,000 fr. qui est soumise au même droit de 1,000 fr. ; les uns ont payé un pour cent et les autres dix pour cent.

Les enfants vendent ces propriétés chacune 100,000 fr. Ces mutations supportent un impôt égal de 6,000 fr. L'impôt étant acquitté par l'acquéreur, dira-t-on, et aux mêmes quotités, la proportionnalité est observée; fiction encore, car la question du prix n'est pas simple, mais complexe; pour le vendeur, le prix c'est seulement ce qu'il reçoit; tandis que, pour l'acquéreur, le prix c'est tout ce qu'il paie, frais et droits compris : la propriété n'aurait pas pour lui une valeur moindre, parce que la transmission n'acquitterait pas de droit. C'est donc bien le vendeur qui supporte le prélèvement de l'impôt, l'acquéreur ne l'acquitte que comme partie du prix. Dans le premier cas, les vendeurs ne devant rien, supportent un impôt de 6,000 fr., et reçoivent 100,000 fr. ; dans le le second, les vendeurs devant 90,000 fr. supportent le même impôt de 6,000 fr. et reçoivent 10,000 fr. Sans l'impôt, les premiers auraient reçu 106,000 fr. et les seconds 16,000 fr.

Voilà la proportionnalité de l'impôt d'après le système

actuel. Nous y sommes habitués, et l'on ne discute ni le pourquoi, ni le comment. Mais son effet, quel est-il? C'est qu'au lieu de contribuer aux charges de l'État proportionnellement à la fortune, nous y contribuons en sens inverse; c'est que l'impôt s'accroît à mesure que la fortune est plus fortement atténuée par le passif; c'est, enfin, qu'il suit une progression rétrograde.

Il en est bien évidemment de même de tout impôt ou droit fixe, et pas un de ceux auxquels nous sommes soumis ne peut échapper à cette critique.

Comment s'étonner qu'avec ce système appliqué à la contribution foncière, avec l'absence d'un crédit régulier et modéré, avec l'immunité d'impôt de la fortune mobilière, nous voyions les embarras considérables qu'éprouve la société aux moments de crise et les désastres qui en sont la suite.

Pour imposer *la fortune*, il faut la connaître; pour l'imposer proportionnellement, il faut les bases de cette proportion; on ne peut en établir aucune sans en poser les termes. Nous ne connaissons ni la fortune totale du pays, ni sa division entre les individus.

Pour imposer la fortune mobilière, il faut non-seulement la connaître, mais encore régler son action par l'établissement d'une banque nationale de crédit public; établissement régulateur de la circulation et de l'émission du signe représentatif de la valeur, qui, prêtant et recevant à des conditions invariables, sur les garanties déterminées dans le système que nous allons produire, empêche l'action anormale du crédit particulier, le prêt usuraire, et oblige le prêteur à supporter les charges de sa fortune sans pouvoir les reporter sur le débiteur.

Le droit d'abstention, auquel on ne peut porter atteinte directement sans violer la propriété; l'immunité d'impôt résultant de ce que la fortune nette en supporte proportionnellement moins que la fortune grevée, sont deux obstacles qu'il faut surmonter pour rentrer dans le droit commun, pour assurer l'égalité civile et politique, l'ordre enfin.

Par l'immunité, notre système économique tend à la concentration de la fortune dans un petit nombre de mains, à développer une véritable aristocratie d'argent. Par l'abstention, une partie extrêmement minime de la nation peut, en quelque sorte, à sa volonté, amener les plus graves embarras. Après soixante-deux ans, sous ce rapport, le débat est encore agité entre le privilége, qui s'ignore sans doute, et le droit commun qui ne se rend pas bien compte de ce qui lui fait obstacle, entre ceux qui veulent suivre la voie que Dieu a tracée à l'humanité, en instruisant et moralisant pour progresser avec sagesse; et ceux qui sans doute ne croient pas à la perfectibilité, puisqu'ils ne voient le progrès qu'en s'arrêtant ou en retournant en arrière.

Le dernier mot de la question sociale actuelle nous semble donc de dégager une formule économique applicable, un système nouveau de crédit et d'impôt, comme le disait avec tant de vérité le Gouvernement Provisoire, pourvu que ce système respecte la liberté et assure l'égalité et la propriété.

Notre plus grand mal c'est l'ignorance. Comme société nous ne connaissons ni notre capital, ni nos revenus, non plus que nos besoins et le moyen d'y pourvoir; nous ignorons la somme du signe représentatif qui fonctionne et de celui qui existe; nous avons sur toutes ces choses des appréciations, toutes contestables; mais la certitude ! la vérité ! non.

Dans toute science nous ne marchons que du connu à

l'inconnu ; la science sociale ne fait pas exception. Résumons donc, quand au crédit, les principes dont la vérité est acquise, pour voir les conséquences que nous pourrons en tirer.

Il n'y a pas de valeur absolue.

Toute valeur se détermine par la somme du signe représentatif que l'on obtient en échange des choses.

La somme du signe représentatif *qui fonctionne* détermine seule la valeur des produits ; beaucoup de produits et peu de signe représentatif, la valeur des premiers s'affaiblit, elle augmente dans le cas contraire ; c'est la seule cause de la différence de valeur en des temps et des lieux différents.

Le signe représentatif qui ne fonctionne pas doit être considéré comme n'existant pas pendant le temps qu'il s'abstient ; mais cette abstention est un embarras parce que, par cela seul qu'il existe, il est censé fonctionner.

Maintenant le problème étant donné d'empêcher les altérations trop brusques ou trop fortes de la valeur, qui ne tiennent pas à la disette naturelle, et de maintenir les conditions du travail ; — comment le résoudre ?

La France (nous sommes réduits à une supposition, car personne ne peut fixer le chiffre), a en émission un signe représentatif montant à 5 milliards. Si ce chiffre fonctionne en totalité, il détermine la valeur de tous les produits dont il solde les échanges ; s'il y a moins de produits à échanger et que la quantité du signe fonctionnant soit réduite dans une égale proportion, il y aura équilibre et maintien de la valeur. Mais si, pour la même quantité de produits dont l'échange est nécessaire, il ne se présente qu'une moindre quantité du signe, le reste s'abstenant, il y aura perturbation.

Pour maintenir la valeur il faut donc pouvoir proportionner la quantité du signe *fonctionnant* à celle des choses dont l'échange est néeessaire, et pour maintenir cette proportion, pouvoir émettre ou retirer le signe représentatif. C'est la fonction d'une Banque de Crédit.

Cette Banque doit être un établissement national, car elle a pour objet de répondre à un besoin général de la société, le maintien dans la circulation du signe représentatif nécessaire au solde des échanges qui se produisent ;

elle doit être la régulatrice de tous les crédits : car pour tous les besoins de cette nature il n'y a qu'un instrument, le même signe représentatif de toute valeur, et il ne peut y en avoir qu'un, car s'il y en avait plusieurs, ils ne représenteraient que des choses déterminées, ils ne pourraient servir aux échanges de toutes choses. Nous disons qu'il ne doit y en avoir qu'un, quoique nous admettions l'existence et l'action simultanée de numéraire et du signe fiduciaire, parce qu'ils ne représentent pas des valeurs distinctes, mais également toutes valeurs.

Le maintien de la valeur relative est bien certainement le plus sûr moyen de faciliter et de multiplier les échanges, par là de maintenir et d'augmenter le travail, et, par le travail, l'aisance générale. C'est aussi celui d'éviter les désastres qu'entraînent les ventes forcées dans des circonstances difficiles et d'empêcher les fortunes qui s'élèvent sur la ruine de quelques uns.

Qu'eût-il fallu à la Révolution de Février ; que faudrait-il dans des circonstances aussi difficiles qui pourraient surgir ? Remplacer par un crédit public le crédit particulier anéanti, par la monnaie fiduciaire le signe représentatif qui s'abstiendrait : et qu'on ne dise pas que ce signe serait avili, repoussé ; l'épreuve n'est plus à faire, l'expérience a réussi, et il n'en pouvait être autrement. Lorsque le besoin est impérieux et qu'on n'a pas le choix des aliments, on se nourrit de ceux qu'on trouve ; lorsque l'argent manque on se sert parfaitement du billet. Assignats, dira-t-on ! mais l'assignat eût maintenu sa valeur s'il n'eût existé qu'en proportion des besoins d'échange qui se manifestaient, et si l'on se fût réservé le moyen de retirer ce signe fiduciaire à mesure que le numéraire se produirait. Il en fallait pour 2 milliards, on en jeta dans la circulation sans compter ; bien évidemment la masse ne représentait que les 2 milliards d'échanges qu'ils opéraient.

La même dépréciation, d'ailleurs, s'attache au signe métallique lorsque sa masse augmente hors de proportion avec la somme des échanges. La découverte de l'Amérique a produit cet effet ; celle des mines de la Californie vient de déprécier l'or ; quelques découvertes qui rendraient l'or et l'argent aussi communs que le fer et le cuivre, réduiraient leur valeur à ce point qu'on paierait, comme au temps des assignats dépréciés, une paire de bottes 10,000 francs en numéraire. La preuve se trouve dans ce qui se passait dernièrement encore en Californie.

Par le droit d'impôt ; par son établissement exacte-

ment proportionel ; par le droit incontestable de l'Etat
de déterminer le cours obligatoire d'un signe fiduciaire,
on sera, quand on le voudra, en mesure d'aplanir les
plus grandes difficultés. N'ayons donc pas peur des événements sous le rapport économique ; nous en serons
maîtres quand nous le voudrons.

Il y a tant de besoins dans une société comme la France, et tant de besoins impérieux, tant de positions enga-
gées, que tous les détenteurs du signe représentatif s'abs-
tinssent-ils, atteints par la même panique ; l'impossibilité
d'en revenir au troc forcerait de recourir à un autre signe de valeur, et ce signe indispensable, garanti par la
foi publique, n'éprouverait d'autre dépréciation que celle qui résulterait de l'exagération d'émission, si elle avait
lieu.

Quelles que soient les circonstances, il y aura toujours
dans la circulation le numéraire suffisant pour l'appoint
des échanges ; et, quant au principal, le signe fiduciaire
remplacerait sans inconvénient le signe monétaire qui
s'abstiendrait.

Nous avons dit que le crédit n'était qu'un délai de
paiement ; nous avons démontré que le crédit particulier

sans contrôle possible, sans concurrent, ne fonctionnait pas d'une manière normale, ce qui rendait indispensable la fondation d'un établissement public dé crédit. Cette création est toute simple.

Une banque nationale organisée en dehors de l'action du gouvernement, ayant des gérants responsables de l'exécution de la loi qui l'organise, sous le contrôle de la cour des comptes, avec la garantie de l'État et la surveillance de l'Assemblée nationale. Cette banque ayant pour premiers fonds ceux de la Caisse des dépôts et consignations qu'elle remplace, puis tous ceux des particuliers qui veulent y placer leurs économies et reçoivent un intérêt de 4 francs 75 centimes pour cent à partir du jour du versement jusqu'au jour du retrait aux époques déterminées avec faculté de laisser les fonds indéfiniment. Le paiement des intérêts et le remboursement à jour fixe, tout placement étant d'ailleurs nominatif.

La banque prêtant à tout le monde à 5 pour cent *sans aucuns frais*, sur les garanties dont nous déterminerons les conditions, mais sans intermédiaire, chacun dans ce système devant être son propre garant, afin que l'intérêt soit simple et invariable, et non complexe par l'addition des frais, honoraires et primes aux intermédiaires et variable comme dans l'état actuel. Elle prête en numéraire ou en billets d'après l'état de son en-caisse, ces billets ayant cours légal et dont la première garantie se trouve dans les engagements des débiteurs ; elle étend ses prêts jusqu'à concurrence des versements qui lui sont faits et de la faculté d'émission que la loi détermine.

Du moment où cet établissement fonctionne, le prêt au-dessus de l'intérêt qu'il demande devient impossible.

Celui qui a besoin d'un capital et qui ne peut l'obtenir d'un autre qu'en subissant ses conditions, n'en acceptera plus d'autres que celles de la banque ; bien plus il préférera celle-ci qui, par la latitude d'émission que la loi lui accordera dans une limite variable comme les besoins, pourra accorder toutes les facilités désirables pour la libération.

La Banque n'étant instituée que pour servir d'intermédiaire entre un débiteur et un créancier, n'est ouverte que pour faciliter les délais de paiement : elle est fermée au crédit de spéculation. Tout individu qui, à l'époque d'un remboursement n'aura pas ou n'aura qu'une partie de la somme empruntée, qui ne pourra obtenir un plus long délai, trouvera la Banque prête à se substituer au créancier primitif et à donner au débiteur, pour sa libération partielle, toutes les facilités que le créancier particulier ne pourra lui accorder; facilités qui, en enlevant au marché la presque totalité des ventes forcées, amènent nécessairement une amélioration considérable dans la fixité de la valeur.

Demandera-t-on ce que deviennent les capitaux que la Banque prête ? Mais, directement ou indirectement, ils lui reviennent.

Le créancier remboursé ne peut faire que trois choses de son capital ; 1° le replacer : si c'est à la Banque et dans son papier, la Banque conserve ou annule suivant la position de ses émissions ; 2º l'employer : si c'est en travaux ou en échanges, ils contribuent à la prospérité de la société ; 3° ou conserver, s'abstenir : dans ce cas il perdra son revenu, et ce capital ne fonctionnant pas, l'émission de la Banque n'a fait que le remplacer.

Prétendrait-on qu'une semblable mesure ferait sortir les capitaux de la France, autre manière de s'abstenir ? Il faudrait nécessairement pourvoir à la nécessité de remplacer le signe représentatif qui manquerait.

La mode de l'émigration personnelle est passée; celle de l'émigration des capitaux, surtout avec une importance qui pût amener une perturbation dans les valeurs, n'est pas à craindre. La loi économique sur laquelle tout notre système s'appuie, est universelle. Quelque part qu'on porte une augmentation notable du signe représentatif de la valeur, on y dépréciera ce signe, on produira une perturbation, une atteinte plus ou moins grave à la position de ceux qui y détiennent le signe existant.

D'ailleurs, ne perdons pas de vue cette condition que la liberté du citoyen n'existerait pas, si l'on pouvait le contraintre à faire un emploi déterminé de sa fortune et de ses facultés.

Nous pourrons voir ce que nous avons déjà vu, beaucoup de mauvais vouloir et quelques embarras momentanés; mais ce que nous n'avons pas vu et ce que nous verrions par la création d'un crédit public, c'est la possibilité de faire l'application des promesses du préambule si humain de la Constitution; c'est le déploiement de toutes les forces productives du pays; c'est, ce qu'aucune nation au monde ne possède, la répartition équitable de l'impôt.

Tout crédit repose sur les garanties que donne le débiteur, il est d'autant plus restreint, d'autant plus difficile, que ces garanties sont moins assurées. C'est donc principalement à établir, par des mesures simples et d'une application facile, un système complet sous ce rapport, qu'il faut s'appliquer. S'il, respecte les principes fondamentaux de toute société régulière, s'il sauvegarde tous les droits, s'il n'est une entrave que pour les abus, nous avons la ferme confiance qu'une fois bien compris, il obtiendra l'assentiment de la grande majorité de nos concitoyens.

Toute la fortune immobilière est publique par la loi des hypothèques, loin de chercher à restreindre cette publicité, on veut, au contraire, l'étendre, parce qu'on comprend que c'est la garantie la plus entière du crédit foncier. La fortune mobilière est secrète ; là est le mal : là se rencontre l'empêchement absolu à la déduction du passif pour la répartition proportionnelle de l'impôt, à l'établissement d'un crédit public qui dispense le débiteur de l'obligation de subir la loi du créancier, et de là vient la nécessité de faire supporter à la propriété immobilière qui ne peut se cacher, et quoique son revenu soit beaucoup plus faible, toute proportion gardée, que celui de la fortune mobilière, la plus forte partie des charges de l'État.

On n'a su, jusqu'à ce jour, atteindre la propriété mobilière que par les impôts indirects, ceux de consommation ; mais, outre l'impossibilité de rendre ces impôts proportionnels à la fortune de ceux qui les acquittent, parce qu'on ne peut pas régler la consommation de chacun d'après cette proportion, et que, nous le répétons, la proportion à la fortune de chacun veut d'abord la connaissance de cette fortune ; n'est-il pas évident que ceux qui ont la fortune immobilière consomment aussi, comme tout le monde, en proportion de leurs revenus, et sont ainsi passibles de tous les impôts directs et indirects, tandis que ceux qui ont la fortune mobilière, qui, par les intérêts, prennent une partie notable des revenus immobiliers, ne sont passibles que d'une partie des impôts de consommation.

Aussi, notre constitution ne contiendra, comme toutes les autres, qu'une promesse mensongère en matière d'impôts, si l'on ne parvient à connaître aussi exactement que cela est possible, la fortune et les facultés de chacun, dont la somme totale doit supporter celle des charges ; et cette connaissance est possible.

PREMIÈRE CONDITION. — Tout citoyen doit avoir un domicile. C'est, pour l'enfant, celui du père ou du tuteur; devenu majeur, il le fixe où il veut. Il faut suivre le domicile dans tous ses changements, par une déclaration à la mairie de celui qu'il quitte ou de celui qu'il prend : la sanction de cette obligation, c'est de ne l'admettre à l'exercice des droits du citoyen que lorsqu'il l'a remplie. Ces déclarations successives, obligatoires, donnent le moyen de suivre l'individu depuis sa naissance jusqu'à son décès, dans toutes les phases de sa carrière; c'est la conservation de la famille, dont les membres disséminés peuvent toujours se retrouver.

DEUXIÈME CONDITION. — Au lieu du domicile, et par une administration de contrôle, le compte courant de chaque individu est tenu jour par jour; ce compte, qui est en même temps le registre de famille, porte les noms, prénoms et profession, ceux des père et mère, le domicile d'origine, les noms de la femme, ceux des enfants, et toutes les indications relatives à l'état civil; ce compte, sous le rapport des biens, contient la mention de tous les actes et conventions passés, de l'actif et du passif qui en résultent.

TROISIÈME CONDITION. — Tous les actes, toutes les conventions, sont soumis à la formalité du contrôle, dans un délai déterminé ; si cette formalité n'est pas remplie, *il n'y a lieu à aucune action.* La formalité peut être remplie partout ; mais le renvoi en est fait au domicile des parties qui ne peuvent se dispenser de l'indiquer ; ce renvoi sert à inscrire au compte de chacun tout ce qui est à son profit ou à sa charge.

Pour toutes les conventions synallagmatiques qui ne sont pas passées devant un officier public, l'obligation d'un original en plus que le nombre des parties, lequel reste déposé au bureau du contrôle et sert de minute au besoin : l'authenticité et la voie parée données à tous les actes privés par la reconnaissance d'écriture et la légalisation des signatures devant le maire ou le juge de paix. Toutes ces formalités gratuites.

QUATRIÈME CONDITION. — La multiplicité des opérations commerciales ne permet pas d'appliquer la formalité du contrôle à chacune d'elles, et cependant rien n'exige plus une surveillance éclairée. C'est le commerce qui fait le plus large usage du crédit, c'est là que les garanties d'ordre et de régularité sont le plus nécessaires. Quelques prescriptions existent dans nos lois à ce sujet, mais rien n'assure leur exécution. On y pourvoirait en tenant rigoureusément à la confection de l'inventaire annuel ; en déterminant un mode d'évaluation et un point de départ uniformes, en exigeant le dépôt d'un double au bureau du contrôle. Ces inventaires, qui contiendraient les éléments nécessaires à leur vérification administrative, par les rapprochements des inventaires correspondants des débiteurs et créanciers, seraient encore contrôlés au tribunal de commerce toutes les fois que des contestations lui seraient soumises. Il n'est pas besoin d'ajouter que toutes les irrégularités *frauduleuses* seraient sévèrement réprimées. Les résultats des inventaires, actif et passif, consignés au compte courant tenu par l'administration, établiraient la position de fortune des commerçants, devant servir de base à la répartition proportionnelle de l'impôt.

CINQUIÈME CONDITION. — Pour les facultés, les salaires de toute nature, il est plus difficile d'arriver à leur détermination ; cependant plusieurs moyens peuvent être employés. S'il s'agit de personnes exerçant des professions dites libérales, exigeant une instruction développée, on peut prescrire un registre spécial des honoraires dûs ou reçus et la remise, en fin d'exercice, du relevé des débiteurs qui pourrait être rapproché du compte-courant de ceux-ci ; s'il s'agit d'employés, les traitements sont facilement connus ; s'il s'agit d'ouvriers traillant chez un patron, la tenue d'un livret mentionnant les salaires payés ou dûs, fournit les indications nécessaires ; et s'il s'agit enfin, d'ouvriers travaillant chez eux, les conseils des Prud'hommes peuvent très-bien déterminer les catégories dans lesquelles on peut les ranger et la moyenne des salaires dans chaque catégorie. Rien d'exclusif d'ailleurs dans les moyens qui peuvent assurer une détermination de plus en plus exacte, lorsque ces moyens respectent le droit de chacun et ne se prêtent à aucune application arbitraire.

C'est de l'arbitraire surtout qu'il faut se garder, parce qu'il est destructif de la liberté, de l'égalité : on verra toujours les citoyens y résister, comme on verra toujours aussi la très-grande majorité se soumettre, sans résistance, à ce dont on lui démontrera la justice et l'équité ; car, en somme, l'humanité a plus de qualités que de défauts, plus de vertus que de vices, sans cela la société humaine ne se fût pas développée.

Par les moyens que nous venons d'indiquer, par la

coordination de tous les documents qui ne peuvent échapper, l'administration du contrôle dresse le bilan le plus exact de l'État. La statistique qu'elle établit, non pas sur des chiffres arbitrairement posés, et l'on sait ce qu'est devenue la science des chiffres, mais sur des faits, donne une connaissance aussi complète que possible des facultés et des besoins; l'on sait, enfin, ce que l'on peut et comment on le peut.

Supposons-nous, un moment, arrivés à ce point. Nous avons, par le domicile, la certitude qu'aucun individu ne peut échapper, par un déplacement à l'intérieur, à l'action qu'on peut avoir contre lui ; par son compte-courant nous avons la connaissance de ce qui constitue réellement sa fortune, des garanties qu'il donne ; par le défaut d'action lorsque les actes et conventions n'ont pas été rendus publics par la formalité du contrôle et par cette formalité même, nous assurons la loyauté des transactions, nous établissons le système de garantie le plus complet, le plus efficace, car rien n'est possible au détriment des intérêts que cette publicité sauvegarde ; par le contrôle des opérations commerciales, nous y ramenons la régularité qui n'aurait jamais dû s'en écarter; nous mettons obstacle aux moyens frauduleux trop fréquemment employés pour tromper le créancier sur la position du débiteur ; par le relevé des salaires et des facultés, nous connaissons les conditions et les besoins du travail, con-naissance sans laquelle il est impossible de prévenir, par des dispositions couvenables, les perturbations trop fré-quentes qui s'y font sentir.

Sur cet ensemble de garanties nous fondons le crédit public, modéré, invariable dans ses conditions, toujours ouvert aux besoins justifiés, toujours proportionné à ces besoins, de manière à empêcher la brusque variation des valeurs ; nous empêchons enfin la pression du créancier sur le débiteur ; par la connaissance aussi exacte que le comportent ces moyens, de la fortune et des facultés de chacun, nous établissons l'impôt proportionné à cette fortune et à ces facultés, ne demandant plus qu'à celui qui a effectivement plus, le crédit public assurant le débi-teur qu'il n'aura plus à supporter les charges du créan-cier ; enfin, par cet ensemble de dispositions, nous facili-tons les conditions du travail et en augmentons le développement, parce que nous étendons les facilités d'en payer les salaires et d'en placer les produits.

Pour arriver à ce résultat, il n'est pas besoin de recou-rir à une administration nouvelle : cette administration existe et fonctionne ; elle accomplit des travaux considérables, pleins de difficultés, pour la perception d'un impôt très-productif, mais mal établi, le plus improportionnel de tous peut-être.

L'enregistrement, auquel nous sommes habitués, auquel sont soumis, dans des délais et dans des circonstauces déterminées, toutes les conventions, tous les actes des citoyens; établi il y a bientôt deux siècles, et qui n'a guère fonctionné jusqu'à ce jour que dans un but fiscal, qui est moins un secours qu'un obstacle pour assurer la régularité, la loyauté dans l'exécution des transactions, qui, tôt ou tard, les connaît toutes, mais sans pouvoir coordonner les renseignements que les actes renferment dans un but d'utilité générale : cette administration peut, quand ou le voudra, accomplir facilement et en peu de temps, la tâche, qui paraît immense, de dresser le bilan de la société, de maintenir constamment ce travail à jour; et, par là, de donner à tous les intérêts les garanties les plus complètes. Elle perdra par cette transformation le rang qu'elle occupe comme science, car c'en est une fort ardue et très-difficile, que celle qui embrasse l'application de la législation à toutes les conventions humaines, que celle qui juge en premier ressort les effets de ces conventions pour leur appliquer un article d'un tarif; mais les services qu'elle rendrait, comme moyen d'assurer l'ordre en toutes choses, sont bien autrement considérables que ceux qu'elle rend au prix d'un impôt très élevé, et ceux-là seraient gratuits.

On se ferait une idée fort inexacte de la publicité de la fortune, base de ce système, si on la comprenait comme un moyen de livrer à la malignité de chacun le secret de la position des autres, défaut qui existe cependant dans le système hypothécaire actuel. Loin de là, les registres du contrôle ne seraient ouverts qu'aux intéressés, comme maintenant ceux de l'enregistrement, et sur la justification de cet intérêt.

La république, quoi qu'en ait dit Montesquieu, n'a pas pour condition indispensable la vertu. Qui dit vertu, dit effort, sacrifice : on n'est pas vertueux quand on ne fait que ce qu'on doit. Dans tous les temps, il y a eu et il y aura des hommes vertueux, mais ce sera toujours la minorité; ne considérons donc pas comme la règle ce qui sera toujours l'exception. Sous quelque forme de gouvernement que la société soit placée, on peut et l'on doit recommander la vertu, y inviter par les exemples que l'humanité fournit à toutes les époques; mais on ne peut la prescrire, l'ordonner, parce qu'on ne peut commander à personne de faire au-delà de ce qu'il doit : ce que l'on peut, ce que l'on doit commander, c'est l'honnêteté, le respect du droit d'autrui, l'ordre en toutes choses; les lois qui méritent ce nom n'ont pas d'autre but. On peut ordonner la liberté, l'égalité : on ne pourra jamais que recommander la fraternité.

Mai 1851.

www.ingramcontent.com/pod-product-compliance
Ingram Content Group UK Ltd.
Pitfield, Milton Keynes, MK11 3LW, UK
UKHW020035080726
13614UKWH00004B/1782